ESTRATÉGICO

DE

CRECIMIENTO

EMPRESARIAL

PEQUEÑAS MEJORES IDEAS DE NEGOCIO PARA PRINCIPIANTES

Profesor: Sehal Ahmad

Tabla de contenido:

Aviso de exención de responsabilidad:

Tenga en cuenta que la información contenida en este documento es solo para fines educativos y de entretenimiento. Se han realizado todos los esfuerzos para presentar información precisa, actualizada, confiable y completa. No se declaran ni implican garantías de ningún tipo. Los lectores reconocen que el autor no se dedica a brindar asesoramiento legal, financiero, médico o profesional. El contenido de este libro se ha derivado de varias fuentes. Consulte a un profesional con licencia antes de intentar cualquiera de las técnicas descritas en este libro.

Introducción

Las estrategias de crecimiento son importantes porque mantienen a su empresa trabajando con pretensiones que van más allá de lo que está pasando en el momento de la solicitud.

Mantienen tanto a los líderes como a los trabajadores concentrados y alineados, y te impulsan a suponer a largo plazo.

Una declaración de visión explica lo que su negocio lograría si no hubiera paredes. Es una descripción, para sus inversores, accionistas, compañeros, invitados y trabajadores, de dónde podría estar cinco, diez o incluso veinte veces y el impacto que le gustaría que su pequeña empresa tuviera en el mundo.

Entonces, ¿estás listo para hacer crecer tu negocio y convertirte en una persona exitosa?

Luego, desplácese hacia arriba y haga clic en el botón "Agregar al carrito" ahora.

1: Calcule su visión:

Una declaración de visión explica lo que su negocio lograría si no hubiera paredes. Es una descripción, para sus inversores, accionistas, compañeros, invitados y trabajadores, de dónde podría estar cinco, diez o incluso veinte veces y el impacto que le gustaría que su pequeña empresa tuviera en el mundo.

Debe haber una razón para iniciar su negocio en particular. Debe haber tenido un interés, una habilidad o una razón para comenzar a operar. Y puede sentir que puede administrar una pequeña empresa, día a día, sin que la 'pelusa de marketing' de una declaración de visión se interponga en el camino. Pero una declaración clara puede ayudarlo a hacer ese negocio de dos maneras.

Una buena declaración de visión lo ayuda a articular la fuerza impulsora de su negocio.
Una gran declaración de visión motiva e inspira a su piscina (ya sus invitados).

en lugar de, por ejemplo, afirmar: "Quiero hacer las mesas de juntas de la más alta calidad, las más populares y bellamente diseñadas en el Reino Unido", diría: "Quiero hacer una empresa que ayude a las personas a unirse como compañeros en los negocios". " Es un sentido de dirección firme. De hecho, es concreto si es frenéticamente ambicioso, y ayuda a todos a comprender hacia dónde se dirige, para que puedan ayudarlo a llegar allí. Para los inversores en particular, una declaración de visión clara es un signo de moralidad particular y provocaciones para estar en el negocio.

Conjurar grande. Imagine un mundo, 20 o 50 veces a partir de ahora, que en conjunto es mejor de alguna manera. Ahora suponga acerca de las formas en que su negocio podría haber contribuido a ese cambio. ¿Cómo es ese mundo para ti? ¿Cómo vive la gente de otra manera? ¿Qué produciría o entregaría su empresa como servicio, y en qué se diferencia de lo que está haciendo en este momento?

Esto no significa permitir sobre sus pérdidas y ganancias, inevitablemente. Significa permitir cómo puede expandirse, desarrollar nuevos productos, venir el 'hueso numérico

' en su solicitud, o admitir el mayor número de elogios en un sector. Anote con precisión lo que lo diferencia de sus rivales. Su éxito como propietario de una pequeña empresa depende de usted y de su contribución a las operaciones de la empresa.

Utilice el asunto de su sesión de descubrimiento para cristalizar sus pretensiones a largo plazo en la visión de su negocio. No se preocupe si suena 'demasiado alto' para empezar. Y no te preocupes por incluir una lista de puntos específicos. Se supone que esto es inspirador.

Las palabras específicas que elijas son importantes porque producen significado y emoción. Use un lenguaje claro, conciso y sin jerga, pero insemine sus decisiones o expresiones con pasión y palabras descriptivas también.

Trabaje en variaciones de la visión hasta que reflejen la naturaleza específica de su pequeña empresa y pelotón.

La parte más difícil es elegir una redacción que defina sus valores sin que suene demasiado vago.

Las declaraciones de misión se basan en el presente y transmiten a las partes interesadas y a los miembros de la comunidad por qué un

existe el negocio y dónde se encuentra actualmente. Las declaraciones de visión no tienen fundamento y están destinadas a inspirar y orientar a los trabajadores.

"La visión tiene que ver con tus pretensiones para el futuro y cómo llegarás allí, mientras que la responsabilidad tiene que ver con dónde estás ahora y por qué vives", dijo Paige Arno-Fenn, autora y directora ejecutiva de Suckers & Captains, una empresa global. Establecimiento de consultoría de marketing estratégico. "

La visión debe motivar al pelotón a marcar la diferencia y ser parte de una mercancía más grande que ellos mismos. "

Las declaraciones de misión y las declaraciones de visión son fundamentales para erigir una marca. "Mientras que una declaración de cargos se enfoca en el propósito de la marca, la declaración de visión busca el cumplimiento de ese propósito", dijo Jessica Honard, codirectora ejecutiva de North Star Messaging Strategy, un establecimiento de redacción y mensajería que sirve a los empresarios.

Aunque las declaraciones de cargo y visión deben ser rudimentos básicos de su asociación, una declaración de visión debe servir como luz de guía de su empresa.

"Una visión es aspiración; un cargo es factible", dijo Jamie Salkowski, director creativo de la empresa de marketing y envíos Day One Agency.

Crear la declaración de visión perfecta puede resultar atractivo, pero no tiene por qué serlo. Siga estas sugerencias y prácticas de estilo cuando emita su declaración de visión.

No se preocupe si siente que una breve declaración de visión no expresa completamente las complicaciones de su visión. Puede producir una interpretación más larga, pero no debería ser el hueso.

Transmites al mundo.

Seamos honestos: la mayoría de los líderes empresariales, sin mencionar las juntas directivas, no serán adecuados para sumar su visión en uno o dos juicios apotegmáticos. Está bien", dijo Shannon DeJong, propietaria de la agencia de marca House of Who. "Tenga una interpretación completa de su visión solo para los ojos de los líderes. suponga que la interpretación larga es su compañero de referencia de por qué está en el negocio en primer lugar".

Hay un desglose rápido de qué hacer cuando

estandarizar su declaración de visión

- Proyecto de cinco a 10 veces en el futuro.
- conjura en grande y concéntrate en el éxito.
- Usa el tiempo presente.
- Use un lenguaje claro, conciso y libre de jergas.

- inocularlo con pasión, y hacerlo inspirador.
- Alinéelo con los valores y pretensiones de su negocio.
- elabore un plan para comunicar su declaración de visión a sus trabajadores.
- Prepárese para dedicar tiempo y dinero a la visión que establezca.

Su declaración de visión completa debe ofrecer una idea clara del camino a seguir de su empresa. Howard dijo que muchos de sus invitados han usado sus declaraciones de visión para dirigir sus planes generales para el futuro. Por ejemplo, adoptaron nuevas empresas de marketing para acercarlos a su visión, rotaron su enfoque para reflejar fácilmente el crecimiento solicitado o se duplicaron en un aspecto particular de su marca que funciona para servir a su visión.

Determine dónde aparecerá su declaración de visión y qué papel desempeñará en su asociación. Esto hará que el proceso sea más que un ejercicio intelectual, dijo Shockley. No tiene sentido colgar una declaración de visión en el lobby o promocionarla a través de los canales de redes sociales de su empresa si no la integra de manera auténtica en la cultura de su empresa.

"La declaración de visión empresarial debe permitirse

como parte de su plan estratégico", dijo Shockley. "Es una herramienta de despachos internos que ayuda a alinear e inspirar a su pelotón para alcanzar las pretensiones de la empresa. "

De manera similar, debe ver una declaración de visión como un documento vivo que será redefinido y revisado. Lo más importante, debe hablar directamente a sus trabajadores.

aun así, no serás apto para llevarlo a cabo", dijo Keri Lindenmuth, "si tus trabajadores no aceptan la visión. "La declaración de la visión debe ser un producto en el que crean sus trabajadores. Solo ellos también emitirán opiniones y adoptarán una conducta que refleje la visión de su negocio".

A medida que su negocio crece y se expande, reconsiderar su declaración de visión puede darle una percepción de la dirección en la que se dirige su negocio y si está en el camino correcto para lograr los resultados solicitados.

También puede utilizar su declaración de visión en sus accesorios promocionales y de marketing, ya sea exhibiéndola en su lugar de trabajo, publicándola en la página web comercial/cuentas de redes sociales, o incorporándola como parte de su marca comercial.

Explicamos el propósito real de la declaración de la visión en esta composición, pero luego un breve recordatorio de lo que estamos tratando de lograr con una declaración de la visión de la empresa.

Mejorar el proceso de toma de decisiones estableciendo un 'limitador' que nos ayude a descartar emprendimientos estratégicos y aperturas que no estén alineadas con las pretensiones comerciales a largo plazo.

Haga una breve declaración sobre lo que nuestra asociación está tratando de lograr para ayudar a terceros, como inversores o los medios de comunicación, a comprendernos mejor.

producir una estrella polar fuerte que pueda guiar y motivar a los trabajadores en tiempos delicados si se toma en serio.

Desarrolle una declaración de visión atractiva que sea uno de los rudimentos cruciales de una cultura empresarial próspera.

La línea inferior es que una declaración de visión no es solo algo agradable de tener. Debe incluirse en cada plan de negocios y discusión de estrategia, especialmente durante el proceso de planificación estratégica, para asegurar que la asociación y sus departamentos se mantengan alineados con su visión y no se desvíen.

Tenga en cuenta que la creación de una visión no comienza sentándose detrás de una oficina y escribiendo en negro sobre blanco. Comuníquese con las partes interesadas y los miembros del pelotón que desempeñarán un papel en la realización de la visión de la empresa. Organice una fábrica, o más si es necesario, para comunicar ideas y recopilar sus comentarios.

Este kit de herramientas con una plantilla y un libro de trabajo puede ayudarlo con ejercicios de lluvia de ideas y navegar por todo el proceso.

Como resultado, incluir a otras partes interesadas en el proceso de creación de la visión no solo generará ideas, sino que también obtendrá aceptación desde la mañana, ya que también será su visión.

Luego hay 8 consejos para ayudarlo a escribir una declaración de visión memorable

Manténgalo corto, máximo 2 fallos. Su declaración de visión debe ser contundente y fácil de recordar.

Hágalo específico para su negocio y describa una consecuencia única que solo usted puede dar.

Escríbelo en tiempo presente.

No use palabras que estén abiertas a la interpretación. Decir que maximizará el rendimiento de los accionistas en 2022 no significa nada a menos que especifique lo que eso significa.

Lo simple es elegante. Hay una tendencia en las personas a complicar demasiado los efectos, pero usted debe hacer que su visión sea lo suficientemente clara para que la entiendan tanto las personas dentro como fuera de su asociación. Manténgase alejado de la jerga, los conceptos y las palabras de moda de los negocios.

Debe ser lo suficientemente ambicioso como para agitar a la gente, pero no tan ambicioso que parezca imposible de lograr.

Una declaración de visión no es algo único y debe evolucionar con su negocio. Al hacer una lluvia de ideas sobre su visión para el futuro, apéguese a un marco de tiempo de cinco. es un ambicioso

algo final que está lo suficientemente lejos para trabajar, pero no demasiado lejos para que la asociación pierda el enfoque y el compromiso.

La visión debe alinearse con los valores fundamentales de su empresa. Profundizamos en los valores de la empresa en esta composición, pero cuando haya creado los valores de su empresa, debe revisar su visión para ver si se alinea

2: Visión para actuar:

Cuando comience a escribir una declaración de visión, considere cómo quiere que se sientan las personas y cómo el mundo será un lugar mejor cuando su empresa siga su visión. suponga acerca de sus productos y servicios, cómo están perfeccionando la vida de las personas en este momento y cuál será el efecto de eso en el futuro.

Por lo tanto, no debe ser demasiado vago o esotérico. No debería ser un ejercicio de caja de crack. Sin embargo, también esa es la razón equivocada, si está escribiendo una declaración de visión solo porque aún no tiene una. Debe escribirse porque desea que el personal esté en el mismo corredor, motivado e inspirador, comprometido con un producto que es más grande que cualquier otro existente, para que vengan a trabajar con el objetivo de marcar la diferencia, sin perder los fines de semana ni pagar sus hipotecas.

La declaración de visión necesita definir un mejor mundo por nacer; uno que su empresa puede ayudar a hacer realidad.

aún así, también vea cuántos empleados realmente lo saben y pueden recitarlo, si anteriormente existe una declaración de visión. Cuanto más breve y concisa, mejor, ya que debe entenderse fácilmente, recordarse y aplicarse.

Escribir una declaración de visión no tiene por qué ser un desafío; puede ser un ejercicio útil para definir por qué su negocio está operando y su futuro. Es un gran ejercicio permitir acerca de los productos básicos que no sean plutócratas y ganancias. Puede ayudar a resumir sus ideales fundamentales y su ratio. Le dará a su empresa una dirección y un destino específicos con un enfoque claro y una mayor consonancia para mejorar la cooperación y la colaboración.

Al escribir una declaración de visión, considere lo que es único o diferente acerca de lo que hace, y hágalo lo más mortal que pueda, para que se conecte con la necesidad de las personas de un sentido de propósito. Necesita inspirar a las personas para que se levanten en una mañana helada, con 10 bases de nieve al aire libre, y se pongan a trabajar.

Emitir una declaración de visión combina ideas, creatividad y estudio profundo. Es elegante rastrear por qué el autor o los autores crearon el negocio en primer lugar. La visión original puede haber cambiado, pero de todos modos es un buen punto de partida. ¿Qué ocasión original identificaron? Puede ser que los directores no sean los mejores artífices de las palabras, por lo que usar un redactor creativo puede ayudar a desentrañar las palabras de una manera más breve y atractiva.

Una declaración de visión se puede producir como una comunicación en cinta de video para involucrar y comunicar de una manera que funcione mejor que enmarcarla y colocarla en una pared o carpeta de la oficina.

Aún así, también vale la pena considerar por qué es así y cambiarlo, o la empresa para la que trabaja, si la declaración de visión no lo motiva a usted ni a nadie de manera diferente. Define por qué existe la empresa, por lo que debe ser ambiciosa para motivar e inspirar a todos.

Debe producir una imagen interna sólida de lo que su empresa hará por sus invitados en el futuro. asimismo, puede ayudar a orientar en la definición de los valores de la empresa.

La declaración de la visión debe ser más que solo palabras y un ejercicio de planificación comercial, debe convertirse en acción, comportamientos y estaciones. La declaración de la visión no es un producto que se deba hacer, desempolvar y olvidar como parte de una sesión de estrategia. Debe venir la mercancía que cambie la mente de las personas, les haga revisar y actuar de manera congruente con ella. En este sentido, reforzará la cultura de la empresa. Entonces, escribir la declaración de la visión es solo 20 del trabajo, el resto es la guinda, se hace realidad y se realiza.

Una declaración de visión debe ser romántica, si no está haciendo avanzar a la humanidad de alguna manera, presumiblemente no vale la pena seguirla y, en última instancia, la energía se disipará de la empresa y perderá tracción.

Una buena declaración de visión puede impulsar la invención y nuevas ideas a medida que el personal se vuelve creativo al pensar en formas de ayudar a realizar la visión antes. Sin embargo, su personal querrá llegar allí cuanto antes, si es un destino claro e inspirador.

Debería ayudar a hacer brigadas más fuertes ya que todos tienen un propósito común.

Debe formar parte de la cultura de la empresa y no solo colocarse en un marco y dejarse en la pared. Como dijimos, se puede usar como una herramienta de despacho para el personal y los directores para ayudar a guiar las opiniones de planificación estratégica.

Su personal debe aceptar la declaración de la visión y sentir que forma parte de sus propias pretensiones y orígenes.

Es la cura para el sombrío enfoque que muchas empresas tienen en obtener ganancias a corto plazo. Las empresas deben preguntarse si esta estrategia a corto plazo nos ayuda a realizar la visión a largo plazo de la declaración de visión o la socava.

Una declaración de visión es uno de los numerosos documentos comerciales que ayudan a definir el propósito de la empresa y, por lo tanto, debe alinearse con otros documentos comerciales, como la declaración de cargos, la estrategia y los valores fundamentales. Es un documento importante y también lo es el proceso de redacción, ya que ayuda a definir la cultura de la empresa. No es necesario colocarlo en una lápida, pero solo se debe cambiar cuando sea necesario, ya que representa un producto básico que todos en la empresa compran y en el que creen.

Una declaración de visión debe contener lo siguiente

Sé conciso, inspirador y retrocede con fluidez.

Ser un producto con el que todos puedan relacionarse y que ayudará a guiar la toma de decisiones todos los días.

Sea una razón importante por la que las personas querrán unirse a su empresa en primer lugar.

Sea específico para su empresa, sus pretensiones y bourns, mercancía única que define su marca

Inspire a los trabajadores e involucre a nuevos invitados para que deseen echar un vistazo de cerca a su empresa, aunque el marketing no es su objetivo principal.

No debe sentirse demasiado remoto e intocable, de lo contrario no será motivador o demasiado fácil de negociar, ya que no inspirará a nadie.

Debe encajar con los valores de su empresa.

Debe ser un producto interesante, nuevo y atractivo que haga que las personas supongan, ah, sí, me gusta esa idea, puedo conectarme con eso.

Relacionar su solicitud, para que conecte con ellos; niños, hombres, mujeres, negocios, académicos, de nuevo, aunque su propósito principal no es vender

Aún así, el modo funcional y de supervivencia, solo pasar los próximos tres meses o el tiempo puede ser la única prioridad, si su negocio es verdaderamente reactivo y está constantemente en la lucha contra incendios. nada estará interesado en la declaración de visión.

aun así, si la comunicación es deficiente, la confianza es baja, si la cultura no conduce al crecimiento a largo plazo. Estarán más interesados en el próximo pago de la hipoteca o en la ocasión laboral.

tal vez su empresa no esté impulsada por una estrategia global, y algunos podrían decir que está bien como en esta composición de Forbes, pero eso no está bien. Puede funcionar a corto plazo, pero no a largo plazo.

¿Alguna vez ha estado involucrado en una asociación o negocio que de ninguna manera parece negociar verdaderamente importante? De todos modos, por lo duro que trabajas, simplemente vas en círculos. El problema puede ser que no hayas decidido a dónde quieres ir y no hayas creado una hoja de ruta de cómo llegar allí. Desde la perspectiva de una asociación, el problema puede ser que no te estás fijando en lo que quieres lograr y cómo lo lograrás. A continuación se presentan una serie de caminos o declaraciones de cómo dar dirección a su asociación.

La primera es una declaración de visión. Proporciona un destino para la asociación. Lo siguiente es una declaración de cargo. Esta es una luz de guía de cómo llegar al destino. Estas son declaraciones críticas para la asociación y las personas que la dirigen.

Visión: panorama general de lo que desea lograr.

cargo: declaración general de cómo logrará la visión.

Una declaración complementaria creada con frecuencia con la visión y el cargo es una declaración de valores fundamentales.

Valores fundamentales: cómo se comportará durante el proceso.

Una vez que haya vinculado lo que su asociación quiere lograr (visión) y, en general, cómo se logrará la visión (cargo), el siguiente paso es desarrollar una serie de declaraciones que especifiquen cómo se empleará el cargo para lograr la visión.

Estrategias: las estrategias son una o más formas de utilizar la declaración de cargos para lograr la declaración de visión. Aunque una asociación tendrá solo una declaración de visión y una declaración de cargos, puede tener varias estrategias.

pretensiones – Son declaraciones generales de lo que se necesita cumplir para aplicar una estrategia.

objetos: los objetos dan hitos específicos con una línea de tiempo específica para lograr algo.

Planes de acción: estos son planes de perpetración específicos de cómo logrará un ideal.

A continuación se presenta una discusión más profunda de estas declaraciones. Las declaraciones para un negocio de ilustración se entregan para su explicación.

Declaración de visión: una imagen interna de lo que desea negociar o lograr. Por ejemplo, su visión puede ser una bodega exitosa o una comunidad económicamente activa.

Visión de una Empresa Ejemplo – Una empresa láctea familiar exitosa.

Declaración de la misión: una declaración general de cómo se logrará la visión. La declaración de cargo es una declaración de acción que generalmente comienza con la palabra "a".

Encargado de un Negocio Ejemplo – Dar productos lácteos únicos y de alta calidad a consumidores originales.

Valores centrales: los valores centrales definen la asociación en términos de los principios y valores que los líderes seguirán al llevar a cabo el acondicionamiento de la asociación.

Valores centrales del negocio ejemplo

Centrarse en ideas de negocio nuevas e innovadoras.

Practica altas normas éticas.

Respetar y cubrir el terreno.

Cumplir con los requisitos cambiantes y las solicitudes de los huéspedes y consumidores.

Las declaraciones de visión y cargo son importantes para que todos los involucrados en la asociación, incluidas las partes interesadas externas, entiendan qué negociará la asociación y cómo se cumplirá. En esencia, esto significa "mantener a todos en el mismo corredor" para que cada uno "jale en la misma dirección".

Hay una estrecha relación entre la visión y la carga. Como la declaración de la visión es una imagen interna estática de lo que quiere lograr, la declaración de cargos es un proceso dinámico de cómo se cumplirá la visión. Para producir declaraciones exitosas, debe tener en cuenta las siguientes generalidades.

Simple – La visión y el cargo guían el acondicionamiento cotidiano de cada persona involucrada en el negocio. Las declaraciones de visión y cargo deben ser simples, concisas y fáciles de recordar. Use solo las palabras suficientes para captar la sustancia. Las declaraciones deben capturar la esencia real de lo que logrará su asociación o empresa y cómo se logrará. Por lo tanto, las declaraciones de visión y cargo deben ser un solo estudio que se pueda llevar con fluidez en la mente. Esto facilita que todos en la asociación se concentren en ellos. Para probar la efectividad de sus declaraciones, pida a los líderes, directores y trabajadores que le digan la visión y el cargo de su organización. Sin embargo, las declaraciones son de poca utilidad, si no pueden decirles tanto la visión como el cargo.

Pero eso no significa que será fácil producir las declaraciones. Puede soportar varios borradores. Las máximas declaraciones son demasiado largas. La gente tiende a agregar información fresca y calificaciones a las declaraciones. por lo general, la información nueva solo confunde la antología y oscurece la sustancia de la declaración. Cada borrador consecutivo de la visión y el encargo debe simplificarse y aclararse usando tantas palabras como sea posible.

Proceso fluido: las declaraciones no están "escritas en una lápida". Pueden simplificarse y modificarse si la asociación cambia de enfoque. Con frecuencia es bueno escribir las declaraciones, usarlas por un período de tiempo y también volver a abordarlas varios meses o una vez más tarde si es necesario. Puede ser más fácil bordear el enfoque de la declaración en ese momento. Flash back, la razón por la que estás escribiendo las declaraciones es para aclarar lo que estás haciendo.

Asociaciones únicas y complejas: generalmente es más importante escribir declaraciones para asociaciones tradicionales donde el propósito de la asociación es único. Lo mismo es cierto para asociaciones complejas donde puede ser delicado filtrar hasta la sustancia de la actualidad de la asociación.

Estrategias, pretensiones, objetos y Planes de Acción

Una vez que haya creado declaraciones de visión y cargo, y posiblemente valores fundamentales, también puede desarrollar las estrategias, pretensiones, objetivos y planes de acción exigidos para despertar su cargo y lograr su visión.

Estrategias: una estrategia es una declaración de cómo va a lograr un producto básico. Más específicamente, una estrategia es un enfoque único de cómo usará su cargo para lograr su visión. Las estrategias son fundamentales para el éxito de una asociación porque aquí es donde comienza a delinear un plan para hacer productos básicos. Cuanto más única sea la asociación, más creativo e innovador debe ser al diseñar sus estrategias.

pretensiones: una cosa es una declaración general de lo que se quiere lograr. Más específicamente, una cosa es una esquina (s) en el proceso de hacer cumplir una estrategia. ejemplos de pretensiones comerciales son

Aumentar la periferia de ganancias

Aumentar la efectividad

Captura un mayor porcentaje de solicitudes

dar un mejor servicio al cliente

Mejorar el entrenamiento de la mano

Reducir las emigraciones de carbono

Asegúrese de que las pretensiones se concentren en los aspectos importantes de hacer cumplir la estrategia. Tenga cuidado de no establecer demasiadas pretensiones o puede correr la amenaza de perder el enfoque. Además, diseñe sus pretensiones para que no se contradigan ni se entrometan entre sí. Una cosa debe cumplir con los siguientes criterios

Accesible ¿Se expresa de forma sencilla y fácil de entender?

Adecuado ¿Ayuda a hacer cumplir una estrategia de cómo el cargo logrará la visión?

respetable ¿Encaja con los valores de la asociación y de sus miembros trabajadores?

Flexible ¿Se puede aclimatar y cambiar según se requiera?

objetos: un objetivo convierte la declaración general de lo que se debe cumplir en una declaración específica, cuantificable y sensible al tiempo de lo que se va a lograr y cuándo se logrará. ejemplos de objetos de negocio son

Obtener al menos un 20 por ciento de tasa de retorno de nuestra inversión después del trabajo durante el próximo período financiero.

Aumente el porcentaje de solicitudes en un 10 por ciento durante las próximas tres veces.

Reduzca los costos operativos en un 15 por ciento durante los próximos dos tiempos a través de la mejora en la efectividad del proceso de fabricación.

Reduzca el tiempo de devolución de llamada de las consultas y preguntas de los clientes a no más de cuatro horas.

los objetos deben cumplir los siguientes criterios

Medible ¿Qué se logrará específicamente y cuándo se logrará?

Adecuado ¿Encaja como dimensión para lograr la cosa?

factible ¿Es posible lograrlo?

Compromiso ¿Están las personas comprometidas con el logro del ideal?

Poder ¿Están incluidas las personas responsables de lograr el ideal en el proceso de establecimiento de objetivos?

Planes de acción: los planes de acción son declaraciones de conducta o condicionamiento específicos que se utilizarán para lograr algo dentro de las limitaciones del ideal. ejemplificaciones de planes de acción dentro del ambiente de pretensiones y objetos son

cosa, ideal, plan de acción tabla 1

Los planes de acción pueden ser declaraciones simples o planes comerciales completos y detallados donde también se incluyen pretensiones y objetivos. Los planes de acción también se pueden usar para aplicar una estrategia completa (llamada planificación estratégica).

Poniendolo todo junto

Para ayudarlo a comprender la relación entre cada una de estas declaraciones, se muestran ejemplos de estrategias, pretensiones, objetivos y planes de acción para una asociación empresarial diseñada para mejorar la frugalidad pastoral mediante el desarrollo de negocios pastorales. Flash back, la visión es lo que quieres negociar. La misión es una declaración general de cómo logrará su visión. Las estrategias son una serie de formas de usar el cargo para lograr la visión. Las pretensiones son declaraciones de lo que se necesita cumplir para aplicar la estrategia. los objetos son conductas especificas y plazos para lograr la cosa. Los planes de acción son conductas específicas que deben tomarse para alcanzar los hitos dentro de la línea de tiempo de los objetos.

ejemplificaciones

Conclusiones

Crear las declaraciones descritas anteriormente puede parecer mucho trabajo. Pero estas declaraciones lo ayudarán a concentrarse en los aspectos importantes de su asociación o negocio. Sin embargo, pueden ahorrarle tiempo y aumentar las probabilidades de que su asociación o aventura empresarial tenga éxito, si se hace debidamente.

Piense en estas declaraciones como documentos vivos que pueden cambiar a medida que cambian los requisitos de la asociación o negocio. Con demasiada frecuencia, estas declaraciones se tratan como "huesos icónicos" para guardarlos en un lugar seguro. Pero, si no los usa, ha perdido el tiempo.

Crear una visión no es tan complicado como puede parecer. Todo se reduce a cambiar su forma de pensar y tener claro lo que finalmente está buscando en su vida y su negocio. Dan Sullivan lo reduce a un simple juicio: "Siempre haz que tu futuro sea más grande que tu historia".

Olvídese de los trucos de marketing sofisticados y las nuevas tecnologías; esta mentalidad simple es la estrategia de crecimiento empresarial con estilo. Es particularmente importante festejar y concentrarse en el miembro "más grande que tu historia". Para orientarse sobre lo que quiere hacer en el futuro, debe utilizar los gestos de alfabetización y crecimiento más importantes de su historial.

Pregúntese: "¿Cuál ha sido mi mayor área de aprendizaje durante los 90 días?"

Piense en esa alfabetización específica y téngala en cuenta durante la creación de su visión y el crecimiento de su negocio. Mirar hacia atrás en sus momentos más importantes de alfabetización siempre ayudará a dar una dirección sobre la forma elegante de avanzar y hacer crecer su negocio.

El elegante plan de estrategia de crecimiento empresarial es el hueso

que te mantiene avanzando. Sin embargo, continuará ganando impulso y haciendo crecer su negocio, si puede concentrarse en hacer que su futuro sea más grande que su historia.

Pero a pesar de lo valiosa que es esta mentalidad, no es relativamente suficiente. Hablemos sobre cómo ser un poco más estratégico con su visión y por qué es tan importante para el crecimiento del negocio.

Como emprendedor, tienes una ocasión única para fijarte poco a poco. Puedes dar un servicio precioso que no osea

de manera diferente puede ofrecer o un producto que sobresale por encima de cualquier cosa de manera diferente en la solicitud.

Puede ayudar a las personas de muchas maneras diferentes, pero si realmente desea diferenciarse poco a poco del resto, deberá ser estratégico con respecto a su visión. Sin embargo, en realidad puede producir un plan de crecimiento comercial completo en papel, si puede ser estratégico y específico al respecto. La clave es concentrarse en el crecimiento a largo, mediano y corto plazo.

lánzate permitiendo cómo te gustaría que fuera tu vida en 25 veces. Esto puede ir mucho más allá del crecimiento empresarial. ¿Qué efectos te hacen más feliz en la vida? ¿Qué es lo más importante para ti? ¿Qué es lo que eventualmente quiere de su negocio y de su vida? Escriba estos efectos.

A continuación, pregúntese: "¿Qué se necesita en las próximas diez veces para llegar allí? "No hay necesidad de producir una lista específica de detalles de acción entonces. Esto aún puede ser bastante general y amplio.

Una vez que haya escrito eso, suponga lo que debe ser en las próximas cinco veces para llegar allí. los efectos deberían ser cada vez más palpables entonces. Estos son los detalles de acción que lo ayudarán a redactar su estrategia de crecimiento comercial real.

Y vamos a seguir avanzando a corto plazo. Ahora, suponga lo que se necesita en el futuro para llegar allí. Entonces es importante suponer acerca de la instigación. Estos efectos no necesitan hacerse en el tiempo venidero; solo necesitan estar en movimiento. ¿Qué debe comenzar en el futuro próximo para encaminarlo con su estrategia de crecimiento empresarial?

Eventualmente, es hora de suponer en el corto plazo extremo. ¿Qué debe haber en los próximos tres meses para mantener su confianza, enfoque y claridad? ¿Qué debe ser para que pueda continuar avanzando y permitirse trabajar hacia los efectos importantes que ha descrito anteriormente?

Y también, para ir un paso más allá, ¿qué debe haber en la próxima semana para llegar allí? Estos no estarán inevitablemente relacionados directamente con la estrategia de crecimiento de su negocio, y claramente no se relacionarán directamente con sus pretensiones de 25 veces. Recomendamos fijarse en los cinco resultados más importantes para la próxima semana.

Si has escrito todo esto, ¡adivina qué! Acaba de crear su plan de crecimiento comercial.

Pero este no es un tipo de cosa hecha una y otra vez. El verdadero crecimiento empresarial requiere una retrospección constante. Las pretensiones y la forma de crecimiento que ha esbozado cambiarán con el tiempo a medida que su negocio crezca y cambie.

Napoleón Hill dijo: "Cualquier idea, plan o propósito puede colocarse en la mente a través de la reiteración del estudio. "

Es importante continuar consultando este documento a medida que crece su negocio (y como empresario). No solo cambiarán los efectos, sino que cuanto más revises este documento, más grabado vendrá a tu mente.

Entendemos que crear su visión puede ser delicado si lo hace por su cuenta, por lo que es uno de los primeros

efectos en los que nos concentramos cuando los empresarios se unen a nuestra comunidad.

numerosos empresarios no sienten que tienen tiempo para dedicarse a crear su visión. Cuando está tan concentrado en hacer crecer su negocio y mantener a su pelotón encaminado, la idea de dar un paso atrás para suponer lo que quiere puede parecer ridícula.

Pero es importante recordar por qué se convirtió en empresario en primer lugar. Sí, necesita hacer crecer su negocio, pero también necesita concentrarse en convertirlo en el negocio que solicita. A diferencia de la mayoría de las personas, tienes la libertad de producir tu vida ideal. ¡Tu crecimiento como emprendedor debe ser delicioso! Deberías disfrutar haciendo crecer tu negocio.

Que cada uno comienza con una visión

Cuando hice mi donación TEDx sobre Transformación, describí tres factores principales para desarrollar un negocio o una aventura exitosa. Dado que el nombre de mi empresa es Keep Allowing Big, estos tres factores explican de manera accesible GRANDE.

B – Creencias

Lo que crees sobre ti mismo, tu pelotón y tu producto o servicio. Esta es su visión y su sueño.

I – Intencionalidad

Debe llegar un momento en que nuestras creencias impacten nuestras vidas y entremos en nuevas áreas por primera vez. Aquí es donde entra en juego la estrategia. Aquí es cuando pasamos de la presentación a la acción.

G – Crecimiento

Cuando tenemos las creencias, la visión y el sueño correctos combinados con una estrategia decidida para que funcione, avanzamos hacia el crecimiento. Vemos y somos testigos del crecimiento de una manera que no habíamos visto antes.

Cuando comenzamos a jugar en GRANDE, hemos adelantado expedientes y perspectivas de lo que es posible. No nos quedamos en el 'campo de los conjuros', sino que lo vivimos y crecemos hasta convertirnos en todo lo que podemos.

3: Plan de financiación antes de iniciar el negocio

Se exige respaldo para iniciar un negocio y aumentar su rentabilidad. Hay varias fuentes a tener en cuenta al buscar respaldo para el lanzamiento. Pero primero debe considerar qué tan importante es el plutócrata que necesita y cuándo lo necesitará.

Los requisitos fiscales de una empresa variarán según el tipo y el tamaño de la empresa. Por ejemplo, las empresas de procesamiento son generalmente feroz de capital, tomando grandes cantidades de capital. Las empresas minoristas generalmente tienen un capital más bajo.

La deuda y el capital son las dos principales fuentes de respaldo. Las subvenciones del gobierno para financiar ciertos aspectos de un negocio pueden ser una opción. Además, los impulsos pueden estar disponibles para detectar en ciertas comunidades o alentar el condicionamiento en particular diligencia

Financiamiento de capital:

Respaldo de capital significa intercambiar una parte del poder del negocio por una inversión fiscal en el negocio. La participación de poder que se realiza a partir de una inversión de capital permite al inversionista participar en las ganancias de la empresa. La equidad implica una inversión interminable en una empresa y la empresa no la reembolsa en una fecha posterior.

La inversión debe estar debidamente definida en una realidad empresarial formalmente creada. Una participación de capital en una empresa puede ser en forma de unidades de clase, como en el caso de una sociedad de responsabilidad limitada o en forma de acciones ordinarias o favorecidas como en una olla.

Las sociedades pueden establecer diferentes clases de acciones para controlar los derechos de voto entre los accionistas. además, las empresas pueden utilizar diferentes tipos de acciones favorecidas. Por ejemplo, los accionistas comunes pueden rebotar mientras que los accionistas preferentes generalmente no pueden. Pero los accionistas comunes son los últimos en la fila para los medios de la empresa en caso de abandono o ruina. Los accionistas preferentes admiten una propina destinada antes de que los accionistas ordinarios admitan una propina.

Capital de riesgo:

El capital de aventura se refiere al respaldo que proviene de empresas o individuos en el negocio de invertir en negocios jóvenes e íntimos. Dan capital a negocios jóvenes a cambio de una parte del poder del negocio. Las empresas de capital riesgo generalmente no quieren compartir el respaldo original de un negocio a menos que la empresa opere con un historial comprobado. Por lo general, prefieren invertir en empresas que han realizado importantes inversiones de capital de los autores y que anteriormente eran rentables.

Los inversionistas de capital de aventura también prefieren empresas que tienen una ventaja competitiva o una fuerte propuesta de valor en forma de patente, una demanda comprobada del producto o una idea verdaderamente especial (y protegible). Con frecuencia adoptan un enfoque práctico para sus inversiones, asumiendo representación en la junta directiva y ocasionalmente en la contratación de directores. Los inversores de capital de aventura pueden brindar una guía valiosa y consejos comerciales. aún así, están buscando rendimientos sustanciales de sus inversiones y sus objetivos pueden estar en conflicto con los de los autores. Con frecuencia se concentran en ganancias a corto plazo.

Las empresas de capital de aventura generalmente se concentran en crear una cartera de inversión de negocios con una eventualidad de alto crecimiento que se desempeñan con altas tasas de rendimiento. Estos negocios son frecuentemente inversiones de alto riesgo. Pueden buscar rendimientos periódicos de 25 a 30 en su cartera de inversiones general.

Debido a que generalmente se trata de inversiones comerciales de alto riesgo, quieren inversiones con rendimientos anticipados de 50 o más. Suponiendo que algunas inversiones comerciales rindan 50 o más, mientras que otras fracasarán, se espera que la cartera general rinda entre 25 y 30.

Más específicamente, numerosos plutócratas aventureros se suscriben a la regla general 2-6-2. Esto significa que, por lo general, dos inversiones generarán altos rendimientos, seis generarán rendimientos moderados (o simplemente devolverán su inversión original) y dos fracasarán.

Ofertas de acciones:

En esta situación, la empresa vende acciones directamente al público. Dependiendo de las circunstancias, las inmolaciones de capital pueden recaudar cantidades sustanciales de dinero. La estructura de la inmolación puede adoptar numerosas formas y requiere una cuidadosa supervisión por parte del representante legal de la empresa.

Compañías de Financiamiento Comercial:

Se pueden considerar compañías financieras negociables cuando el negocio no es apto para asegurar el respaldo de otras fuentes negociables. Estas empresas pueden estar más dispuestas a calcular la calidad de la garantía para pagar el préstamo que el historial o las protuberancias de ganancias de su negocio. Sin embargo, una compañía financiera negociable puede no ser el lugar elegante para asegurar el respaldo, si la empresa no tiene medios o garantías particulares sustanciales. Además, el costo del plutócrata de la compañía financiera generalmente es más avanzado que otros prestamistas comerciales.

4: Haz una Pasión:

Hay tantas personas que quieren deshacerse del modelo de trabajo de 9 a 5 a favor de ser empresarios. ¿Y por qué no? Emprender es sexy en este momento. Puedes ganar plutócrata siendo tu propio maestro y ganar mucho mientras lo haces. Parece la situación ideal para cualquier persona que quiera controlar su propio trabajo mientras gana tanto plutócrata importante como sea posible. Si sólo fuera así de simple.

Antes de clavarte profundamente en tu fantasía de creer que ganarás millones de huesos

su primera vez en el negocio, deberá ser realista acerca de lo que significa ser propietario de un negocio. Teniendo en cuenta que el 67 de las pequeñas empresas fracasan en su primera vez, tendrá que ser realmente serio acerca de ser un empresario si espera tener éxito. Esto se debe a que tantos aspirantes a empresarios sólo suponen los precios de un negocio exitoso, sin admitir el proceso que se necesita para producir esos resultados. No cuenta lo mal que espera tener éxito si no puede realizar la conducta que lo ayude a desarrollar un negocio exitoso.

Este paso faltante es la razón por la que tantas pequeñas empresas fracasan en su primera etapa de negocios. No debe producir un negocio solo porque ve que alguien diferente ha tenido éxito al operar ese mismo negocio. Sus resultados no le garantizarán los mismos resultados. Es por eso que solo debe producir un negocio que le apasione.

La pasión es lo que lo impulsa a tener éxito porque está totalmente dedicado a hacer que su negocio funcione, sin importar cuán difícil sea el proceso. Muchos aspirantes a empresarios no sienten pasión por sus negocios. De hecho, no tienen la pasión por hacer plutócratas. Simplemente les gusta la idea del éxito. Sin tener algún tipo de pasión que lo impulse, no sobrevivirá como empresario porque la rutina de erigir un negocio lo pondrá en riesgo emocional, mental y físicamente. Esto puede ser verdaderamente difícil de superar sin tener un propósito o una pasión que te impulse hacia adelante.

Antes de comenzar un negocio, deberá preguntarse si conserva la pasión necesaria para tener éxito. retener un negocio no es como ser una mano y tener sus tareas comandadas por usted por adelantado. Deberá producir sus propias pretensiones que estén respaldadas por la estrategia y la empresa que diseñe. también debes llevar a cabo esta estrategia para que funcione. Como puede ver, no trabajará solo 8 horas por día. Se sentirá como si estuviera trabajando casi las 24 horas todos los días para que su negocio sea exitoso. Ahora pregúntese si puede mantener este tipo de herencia laboral los 7 días de la semana hasta que finalmente produzca un negocio exitoso. Además, el trabajo no se detiene allí porque deberá soportar este problema para mantener un negocio exitoso. Allá'

aún así, necesitarás que te apasione el proceso emprendedor, si lo tuyo es producir un negocio exitoso.

Aquí hay 5 formas en que la pasión se traducirá en un negocio exitoso:

1: Los inversores te encontrarán más atractivo

No cuenta cuán grande es su idea de negocio si no cree en ella. Los inversores escuchan ideas todos los días de personas que creen que han creado el próximo Facebook o Snapchat. Estos inversionistas siempre evalúan si solo espera tener suerte al seguir una idea que fue frenéticamente exitosa para alguien diferente, o si está persiguiendo sinceramente una idea que realmente le apasiona. Cuando estás persiguiendo el éxito de otros, te darás por vencido con fluidez cuando los resultados que deseas no se obtengan con fluidez. Esto hace que los inversores sean cautelosos porque no quieren poner su plutócrata en manos de aquellos que se darán por vencidos cuando enfrenten un poco de oposición. Es por eso que los inversores buscan la pasión tanto como buscan un bien permitido.

- nuestro producto respaldado por un sólido modelo de negocio.

2: Tu pasión superará tu miedo al fracaso:

Sí, el fracaso es verdaderamente real y debe reconocerse. Lo que debes recordar es que enfrentarás obstáculos y desafíos en el camino, sin importar cuán cuidadoso seas. Lo que importa es qué tan bien superas estos problemas para tener éxito.

Sin embargo, tampoco obtendrás el éxito que buscas, si los pequeños efectos te llevan a alternar adivinar tu decisión de convertirte en empresario. Tendrás que bloquear el miedo al fracaso y solo concentrarte en producir resultados exitosos para mantener tus estudios positivos.

3: Tendrás la motivación para perseverar:

Crear un negocio es una oferta de enormes proporciones. No hay caminos hacia el éxito, lo que significa que debe soportar largos días y noches hasta que su sudor finalmente dé sus frutos. Solo hay verdaderamente muchas personas que pueden mantener una posición de enfoque tan casada, especialmente cuando no se produce un deleite inmediato. Esto significa que podría pasar literalmente varias veces sin que le paguen porque el plutócrata que genera su negocio se está reinvirtiendo para incubar su crecimiento.

Un pensamiento similar a largo plazo es típico de empresarios apasionados y exitosos. Cabalgan las tormentas de la vida de un emprendedor con buen ánimo, se quedan más tiempo, trabajan más duro y hacen ese nuevo viaje para encontrarse con un inversionista o cliente implícito. Ellos persisten. La verdadera pasión se muestra en qué tan bien enfrenta los desafíos y qué tan bien se preparó para desafíos similares.

4: Los clientes apreciarán su integridad:

Los clientes se darán cuenta cuando usted está tratando de vender su producto por desesperación o simplemente por el plutócrata, en lugar de la pasión por un gran resultado para sus problemas. Cuando no tiene posibilidades de realizar una transacción, significa que no tiene una base de clientes activa, lo que hará que los prospectos se pregunten por qué es así. Sus estudios serán que no vale la pena comprar su producto o que su servicio al cliente ahuyenta a los invitados. Sin embargo, en algún momento se mostrará su disimulo, si solo quiere ganar dinero rápido. De cualquier manera, estas son comprensiones negativas que le dificultarán realizar un intercambio.

La forma elegante de adquirir invitados es creer realmente y tener pasión por proporcionar resultados únicos para los problemas de sus invitados. Cuando trabaja para comprender cuáles son sus problemas y produce resultados personalizados para resolver sus problemas, encontrará que las personas son en gran medida positivas acerca de ser sus clientes.

5: Está asegurando el éxito a largo plazo:

Cuando conserva la pasión por su negocio, su éxito es su enfoque principal. Esto significa que trabajará sin vida para producir un producto que sea demandado por sus invitados objetivo. Trabajará para brindar el elegante servicio al cliente que mantiene a sus invitados vivos fieles a su negocio. Todo su enfoque está en producir éxito a largo plazo para su negocio, en lugar de pasar resultados a corto plazo que de ninguna manera se pueden recuperar.

supongamos sobre la idea de negocio que tienes en mente. ¿Está dispuesto a trabajar día y noche hasta que su negocio finalmente se asemeje a la visión que tiene en mente? Tu pasión debe impulsarte a superarte por muy delicado que sea el viaje hacia el éxito. Puede sentir que no vale la pena mientras está hasta las rodillas en el proceso de llegar allí, pero las redes finalmente justificarán los problemas que tuvo que soportar y las ofrendas que hizo.

5: Crear una nación de crecimiento empresarial:

La cultura empresarial es uno de los aspectos más importantes del desarrollo de una empresa. Las empresas crecen cuando adoptan una cultura de invención, creatividad y colaboración.

La cultura no es solo un complemento para su negocio, es la base misma sobre la que construye todos los demás aspectos de su empresa. los trabajadores deben entender cómo su trabajo contribuye al éxito de la asociación y sentirse empoderados para afrontar los escollos sin temor a represalias.

numerosas empresas no entienden por qué la cultura es importante y, de manera similar, no dedican suficiente tiempo o energía a cultivar su cultura. En esta publicación, le mostraremos cómo puede cultivar la cultura de su empresa para ayudar a hacer crecer su negocio.

Expansión de mercado

La estrategia alternativa de crecimiento es la expansión de solicitudes. Para buscar la expansión de solicitudes, una empresa primero debe identificar nuevas solicitudes que potencialmente pueda ingresar.

También desarrolla productos o servicios que apelan a estas nuevas demandas y trabaja para ganar huéspedes en este mercado. Sin embargo, deben

Si una empresa decide participar en esta estrategia.

Introducir nuevas solicitudes geográficas

Ingrese nuevas partes del cliente dentro de las solicitudes

Desarrollar nuevos canales de distribución.

Desarrollo de productos

Al participar en el desarrollo de productos como la estrategia de crecimiento elegida, una empresa primero debe identificar nuevos productos o servicios implícitos que podría ofrecer.

Esto requiere una inversión menor ya que una empresa puede poner más plutócrata en sus departamentos de I+D, así como una cultura más ambiciosa dentro del establecimiento.

Crecimiento liderado por productos

Las empresas de crecimiento impulsadas por productos son aquellas que crecen principalmente a través de la renuncia y expansión de su producto, más que a través de otros canales similares como el marketing o el desarrollo comercial.

En numerosos casos, las empresas de crecimiento impulsadas por productos tienen un modelo freemium, en el que el producto principal se ofrece de forma gratuita y se cobra por las características o servicios nuevos.

Hay muchas características cruciales que definen a una empresa de crecimiento impulsada por productos

El producto es el principal motor del crecimiento.

El producto se ofrece gratis, o tiene un modelo freemium

La empresa se centra en la incorporación de fumetas más que en el crecimiento de los beneficios

La empresa depende en gran medida del boca a boca y del marketing viral.

La empresa tiene un fuerte enfoque en la retención y el compromiso.

Hay numerosos ejemplos de empresas que han utilizado con éxito una estrategia de crecimiento impulsada por productos para lograr escala.

Slack, la plataforma de despachos comerciales, es uno de los ejemplos más conocidos. Slack creció de cero a 10 millones de drogadictos en solo 18 meses, en gran parte gracias al boca a boca y al marketing viral.

Ahora que hemos discutido cómo las empresas pueden crecer, analicemos los beneficios de una cultura sólida en una empresa y cómo puede conducir realmente al crecimiento.

Niveles de estrés reducidos

La cultura no solo es fundamental para la forma en que las personas trabajan juntas, sino que también afecta el bienestar de las manos, tanto fuera como fuera de la oficina. Una cultura sólida puede ayudar a reducir el estrés y aumentar la productividad, lo que le permite realizar reuniones y eventos de negocios más exitosos.

Comprender la cultura corporativa

La conciencia de la cultura comercial u organizacional en las empresas y otras asociaciones similares a las universidades surgió en la década de 1960. El término "cultura comercial" se desarrolló a principios de la década de 1980 y se conoció ampliamente en la década de 1990. La cultura comercial fue utilizada durante esas épocas por directores, sociólogos y otros académicos para describir el carácter de una empresa.

Importancia de la Cultura Corporativa

Una cultura corporativa cuidadosamente considerada, incluso innovadora, puede elevar a las empresas por encima de sus competidores y respaldar el éxito duradero. Tal cultura puede:

- Proveer un ambiente de trabajo positivo

- Crear una fuerza de trabajo comprometida, entusiasta y motivada
- Atraer empleados de alto valor
- Reducir la rotación
- Impulse y mejore la calidad del rendimiento y la productividad
- Obtener resultados comerciales favorables
- Apuntalar la longevidad de una empresa
- Fortalecer el retorno de la inversión (ROI)
- Proporcionar una ventaja competitiva implacable
- Aclarar a los empleados los objetivos de sus puestos, departamentos y una empresa en general

6: Análisis de mercado para estudiar la lucha en el crecimiento empresarial:

Un análisis de solicitud puede ayudarlo a identificar cómo ubicar mejor su negocio para ser competitivo y servir a sus invitados.

1. Un análisis de solicitud es una evaluación exhaustiva de una solicitud dentro de una asiduidad específica.
2. Un análisis de solicitud tiene numerosos beneficios, como reducir la amenaza para su negocio e informar mejor sus opiniones comerciales.
3. Hay siete formas de realizar un análisis de solicitud.
4. Esta composición es para propietarios de negocios que desean saber por qué deben realizar un análisis de solicitud y cómo hacerlo.

Comprender su base de clientes es una de las primeras formas cruciales para el éxito en los negocios. Sin saber quiénes son sus invitados, qué quieren y cómo quieren obtenerlo de usted, su empresa podría tener dificultades para idear una estrategia de marketing efectiva. Aquí es donde entra en juego un análisis de solicitud. Un análisis de solicitud puede ser un proceso que consume mucho tiempo, pero es sencillo y fácil de realizar por su cuenta de siete maneras.

¿Qué es un análisis de mercado?

Un análisis de solicitud es una evaluación exhaustiva de una solicitud dentro de una asiduidad específica. Estudiará la dinámica de su solicitud, como el volumen y el valor, las partes implícitas del cliente, los patrones de compra, la competencia y otros factores importantes. Un análisis de marketing exhaustivo debe responder a las siguientes preguntas

1. ¿Quiénes son mis invitados implícitos?
2. ¿Cuáles son los hábitos de compra de mis huéspedes?
3. ¿Qué tan grande es mi solicitud objetivo?
4. ¿Qué importancia están dispuestos a pagar los huéspedes por mi producto?
5. ¿Quiénes son mis principales retadores?
6. ¿Cuáles son las fortalezas y los pecados de mis retadores?

¿Cuáles son los beneficios de ejecutar un análisis de marketing?

Un análisis de marketing puede reducir la amenaza, identificar tendencias emergentes y ayudar a diseñar ganancias. Puede usar un análisis de marketing en varias etapas de su negocio y, de hecho, puede ser saludable realizar uno cada vez para mantenerse al día con cualquier cambio importante en la solicitud.

Un análisis detallado de la solicitud generalmente será parte de su plan de negocios, ya que le brinda una menor comprensión de sus seguidores y competencia. Esto le ayudará a hacer una estrategia de marketing más específica.

Estos son algunos otros beneficios importantes de realizar un análisis de mercado:

- Reducción de amenazas Conocer su solicitud puede reducir las dificultades en su negocio, ya que comprenderá las principales tendencias de solicitudes, los principales actores de su asiduidad y lo que se necesita para tener éxito, todo lo cual informará sus opiniones comerciales. Para ayudarlo a cubrir mejor su negocio, también puede realizar un análisis geek, que identifica las fortalezas, los pecados, las aperturas y las trampas para su negocio.
- Productos o servicios específicos Está en una posición mucho mejor para servir a sus invitados cuando tiene una comprensión firme de lo que están buscando de usted. Cuando sabe quiénes son sus invitados, puede usar esa información

para tejer las inmolaciones de su negocio según las necesidades de sus invitados.

- Tendencias emergentes Mantenerse a la vanguardia en los negocios con frecuencia consiste en ser el primero en detectar una nueva ocasión o tendencia, y usar un análisis de marketing para mantenerse al tanto de las tendencias de asiduidad es una excelente manera de posicionarse para aprovechar esta información.

- protuberancias de ganancias Un molde de solicitud es un elemento crucial de los análisis de marketing más avanzados, ya que proyecta las cifras, características y tendencias no nacidas en su solicitud de destino. Esto le da una idea de las ganancias que puede anticipar, lo que le permite adaptar su plan de negocios y su presupuesto en consecuencia.

- Marcas de evaluación Puede ser delicado medir el éxito de su negocio fuera de las cifras puras. Un análisis de solicitud proporciona marcas o indicadores de rendimiento cruciales contra los cuales puede juzgar a su empresa y qué tan bien lo está haciendo en comparación con otros en su asiduidad.

- medio ambiente por una vez errores de cálculo El análisis de marketing puede explicar los errores de cálculo de la historia de su negocio o las anomalías de asiduidad. Por ejemplo, el análisis en profundidad puede explicar qué afectó el comercio de un producto específico, o por qué una determinada métrica se desempeñó de la manera que lo hizo. Esto puede ayudarlo a evitar volver a cometer esos errores de cálculo o pasar anomalías análogas, porque será adecuado para diseccionar y describir qué salió mal y por qué.

- Optimización de marketing Aquí es donde un análisis de marketing periódico es útil: el análisis regular puede informar sus sudores de marketing en curso y mostrarle qué aspectos de su marketing necesitan trabajo y cuáles están funcionando bien en comparación con las otras empresas en su asiduidad.

Cómo realizar un análisis de mercado

Si bien realizar un análisis de marketing no es un proceso complicado, requiere mucha exploración dedicada, así que prepárese para dedicar un tiempo significativo al proceso.

Estas son las siete formas de realizar un análisis de solicitud:

Determina tu propósito:

Existen numerosas razones por las que puede realizar un análisis de solicitud, como para medir su competencia o comprender una nueva solicitud. Sea cual sea el motivo, es importante definirlo correctamente para mantenerte al día durante todo el proceso. Comience por decidir si su propósito es interno, como perfeccionar el flujo de efectivo o las operaciones comerciales, o externo, como buscar un préstamo comercial. Su propósito determinará el tipo y la cantidad de exploración que realizará.

Investigar el estado de la industria.

Mapea una cifra detallada del estado actual de tu asiduidad. Incluya hacia dónde parece dirigirse la asiduidad, utilizando criterios similares como el tamaño, las tendencias y el crecimiento proyectado, con una gran cantidad de datos para respaldar sus hallazgos. También puede realizar un análisis de solicitud relativo para ayudarlo a encontrar su ventaja competitiva dentro de su solicitud específica.

Identifica a tu cliente objetivo.

No todo el mundo será su cliente, y sería una pérdida de tiempo intentar que todos se interesen en su producto. más bien, utilice un análisis de solicitud objetivo para decidir quién es más probable que quiera su producto y concentre sus sudores allí. Desea comprender el tamaño de su solicitud, quiénes son sus invitados, de dónde vienen y qué podría afectar sus opiniones de compra. Para hacerlo, observe factores demográficos como estos

- Edad
- Género
- posición
- Ocupación
- Educación
- Necesidades
- Intereses

Durante su exploración, puede considerar crear un perfil de cliente o una persona que refleje a su cliente ideal para que sirva como modelo para sus sudores de marketing.

Entiende a tu competencia.

Para tener éxito, necesita una buena comprensión de sus retadores, incluido su acromatismo de solicitud, qué hacen más que usted y sus fortalezas, pecados y ventajas en la solicitud. Comience enumerando a todos sus principales retadores, también revise esa lista y realice un análisis geek de cada contendiente. ¿Qué tiene ese negocio que tú no? ¿Qué llevaría a un cliente a elegir ese negocio sobre el tuyo? Ponte en los zapatos del cliente.

también, clasifique su lista de retadores de mayor a menor dificultad, y decida una línea de tiempo para realizar análisis geek regulares sobre sus retadores más amenazantes.

7: Prueba tus ventas a prueba de balas:

Los planes de negocios son fundamentales para cualquier negocio que quiera hacerse plutócrata y lograr sus pretensiones. Pero con demasiada frecuencia, los planes de negocios también faltan o se ejecutan de manera inadecuada. Esto generalmente se debe a que se considera que requieren mucho tiempo y son delicados de armar. aún así, con el enfoque correcto, crear un plan de ofertas puede ser fácil y, de hecho, placentero. Luego hay 10 formas tácticas de producir una plantilla de plan de ofertas a prueba de balas

¿Qué es una plantilla de plan de ofertas?

Una plantilla de plan de negocios es un documento que describe las pretensiones y los objetivos de un pelotón de negocios o un vendedor individual. La plantilla generalmente incluye secciones sobre análisis de solicitudes, invitados objetivo, estrategias de ofertas y asesores de ofertas.

1. Establezca pretensiones de acuerdos realistas

Antes de hablar de cómo vas a hacer tratos, hablemos de las pretensiones.

Su plantilla de ofertas necesita algo final. Debe establecer un número, ya sean ofertas, invitados u otra métrica, que lo ayudará a determinar el éxito de su plan. Sin este elemento crucial, será delicado seguir el progreso y hacer los cambios necesarios en el camino.

Establecer pretensiones alcanzables, pero agotadoras, para su pelotón es uno de los efectos más importantes que puede lograr como director de acuerdos.

Cuando está creando su primer documento de planificación de negocios, es normal estar equivocado acerca de algunas de sus hipótesis y protuberancias. Asegúrese de modernizar lo que necesita optimizarse cuando sea el momento de modernizar su documento.

Es importante que modernice y revise sus procesos de acuerdos según lo exigido. De esa manera, puede mejorar su eficacia.

2. Defina claramente sus plazos y hitos

La única forma de saber con certeza si sus hipótesis sobre su plan de acuerdos van por buen camino es dividir esa gran cosa en pretensiones más bajas con plazos establecidos.

Los hitos de ofertas son puntos en su proceso de ofertas en los que se registra para ver si cumplió con su parte.

Crear pretensiones claras y alcanzables es esencial para cualquier proceso de negociación exitoso. Estas pretensiones y sus correspondientes plazos deberían ser agotadoras pero realistas. Deben profundizarse de manera completa y cortés, y deben crearse de una manera que motive a sus vendedores.

inicie echando un vistazo a los números de ofertas de su tiempo anterior (si es posible). A continuación, compare estas cifras con los pares de asiduidad para ver cómo se acumula. Esto debería darle una idea de qué tan grande es el aumento que necesita alcanzar para alcanzar sus pretensiones mensuales.

Pregunta a los miembros de tu pelotón qué hacen durante la semana laboral. Averigüe cuántas horas dedican a tratos, sondeo y cierre de tratos. Averigua si tienen algún tiempo libre durante la semana que puedan dedicar a otras tareas.

Esto le dará una sabiduría real y de primera línea para establecer sus pretensiones de negociación.

A continuación, establezca sus pretensiones y plazos. Estos deben ser verdaderamente específicos y deben incluir un marco de tiempo. De esa manera, puede realizar un seguimiento de su progreso y asegurarse de que está alcanzando sus objetivos a tiempo.

3. Elige un nicho en el que centrarte

El "nicho" de una empresa es el área que llena, no solo con sus productos o servicios, sino con su contenido, cultura empresarial, marca y comunicación. Define cómo una empresa es percibida por los invitados y los retadores del mismo modo.

Como emprendedor e inversionista, Jason Zuck, señala: "Cuando tratas de ser todo para todos, terminas sin ser nada para nadie", de ninguna manera hagas eso.

Antes de pedirle a un prospecto que se convierta en su cliente, agregue valor a sus vidas.

Cuanta más exposición pueda obtener en su nicho particular, más probabilidades tendrá de alcanzar sus pretensiones y objetivos en su plan de negocios.

fijarse en una sola solicitud de nicho no significa que no pueda hacer crecer su negocio. Comience fijándose en un solo producto o servicio en su nicho y también amplíe a una solicitud casi afiliada. Esto puede ayudarlo a obtener una mejor visibilidad y aumentar sus posibilidades de alcanzar sus pretensiones de acuerdos.

Puede enviar su loza de barro labrada a mano, o puede comenzar un conglomerado de tapetes.

¿O cucharones personalizados?

Una solicitud de nicho no es limitante. Está enfocado.

4. Conozca a su público objetivo

No pierda su tiempo ni sea plutócrata persiguiendo malas aperturas. No dejes que lleguen a tu canal.

Una vez que haya vinculado a su cliente ideal, es importante realizar una exploración lo más importante posible sobre ellos.

Entonces, ¿qué debe incluir exactamente sobre su cliente objetivo en su plan de negocios?

Depende de tu negocio y tu campo, pero comienza con algunos detalles generales como el número de trabajadores, el puesto y la asiduidad con la que trabajas. Además, incluye rasgos comunes de tus principales invitados o el tipo de cliente que te gustaría atraer.

No olvides considerar si encajarán bien.

Un proceso de calificación de oportunidades de venta ayuda a su pelotón de ofertas a determinar qué invitados vale la pena buscar y qué huesos

no son.

Una vez que haya vinculado los tipos de empresas que le gustaría comunicar, comience a probarlas. Encuentre dónde compran en línea, qué tipos de publicaciones leen y dónde van a la red.

Una vez que sepa dónde pasan su tiempo, es hora de entender qué ven. ¿Cuáles son sus puntos de dolor? ¿Qué quieren lograr? ¿Qué valoran? ¿Qué los motiva?

Ponte en los zapatos de tu cliente.

5: Cree una lista de prospectos

Ahora que ha vinculado a su cliente ideal, es hora de producir una lista para vender en esas empresas.

Una lista de prospección es la parte de nuestro proceso de acuerdos donde tomamos la exploración y la propuesta de las secciones anteriores y las ponemos en práctica.

Una base de datos de invitados implícitos es la base de cualquier estrategia de acuerdos exitosa. Crear esta base de datos puede llevar mucho tiempo, pero es absolutamente fundamental.

Usa tu personaje de cliente para encontrar huéspedes ideales

Para crear una lista de objetivos de tratos implícitos, comience por sondear a los invitados ideales. Puede usar herramientas como Linkedin, grupos de redes originales y Google para obtener más información sobre su empresa objetivo.

Concéntrese en 5-10 personas en cada empresa.

Al llegar más allá de un prospecto, aumenta sus probabilidades de llegar a la persona adecuada. Además, al ponerte en contacto con varias personas, aumentas la probabilidad de que una de ellas te relacione con la persona con la que intentas comunicarte.

Una vez que tenga su lista de clientes potenciales, es importante realizar un seguimiento de cómo configura cada cliente potencial. Un sistema CRM puede ayudarlo a mantener información literal, ayudarlo a sudar indistinguible si está trabajando como parte de un pelotón de ofertas y polarizar los datos de sus clientes.

La razón misma para iniciar un negocio es vender un producto o servicio. Lo asombroso, aún, es que las empresas más grandes tienden a enfocarse en el desarrollo de productos y estrategias de marketing, descuidando la necesidad de tomar prestada una estrategia de acuerdos. Si bien estos dos son importantes para garantizar que tenga productos para vender y que las personas estén preocupadas por su negocio, puede perder al obtener buenas ganancias si garantiza una estrategia de acuerdos.

Inmaculadamente, una estrategia de buenas ofertas detalla las tácticas que empleará para adquirir nuevos huéspedes, vender más productos y servicios y fortalecer la relación con los huéspedes. Los tres son críticos si

usted debe aumentar sus ganancias que llevarán su negocio a la próxima posición.

Con eso en mente, hay 5 razones por las que es importante tener una estrategia de ofertas para su negocio.

Conclusión

A partir de los puntos a continuación, puede darse cuenta fácilmente de que estará preparando su negocio para el fracaso si garantiza una buena estrategia de negocios. Por lo tanto, defina las pretensiones de sus ofertas, el viaje de los invitados antes y después de la transacción y las formas de mejorar la satisfacción del cliente, entre otros aspectos aplicables a la negociación

de sus productos. Además, incluye resultados
practicables que te ayuden a lograr esas pretensiones.